Ingrid Moras

Freundschaftsbänder

Neue Muster
und Ideen

D1735617

Christophorus

BRUNNEN-REIHE

Seit mehr als 30 Jahren steht der Name „Christophorus" für kreatives und künstlerisches Gestalten in Freizeit und Beruf. Genauso wie dieser Band der Brunnen-Reihe ist jedes Christophorus-Buch mit viel Sorgfalt erarbeitet: Damit Sie Spass und Erfolg beim Gestalten haben – und Freude an schönen Ergebnissen.

© 1996 Christophorus-Verlag GmbH
Freiburg im Breisgau

Alle Rechte vorbehalten –
Printed in Germany

ISBN 3-419-55820-1
3. Auflage 1997

Jede gewerbliche Nutzung der Arbeiten und Entwürfe ist nur mit Genehmigung der Urheberin und des Verlages gestattet. Bei Anwendung im Unterricht und in Kursen ist auf diesen Band der Brunnen-Reihe hinzuweisen.

Styling und Fotos: Roland Krieg, Waldkirch
Zeichnungen: Ingrid Moras
Zeichnungen Seite 6 und 7: Uwe Stohrer, Norsingen
Umschlaggestaltung: Network!, München
Produktion: Print Production, Umkirch
Druck: Freiburger Graphische Betriebe, 1997

Christophorus
Bücher mit Ideen

Inhalt

3 Liebe Knüpf-Fans!

4 Das Material und die Knoten
4 Das Knüpfmaterial
4 Die Vorbereitung der Knüpffäden
4 Der Abschluss der Bändchen
4 Die Knoten
5 Das Grundmuster
5 Das Pfeilspitzen-Muster

6 So wird's gemacht
6 Rechtsgeknüpfte Knoten
6 Linksgeknüpfte Knoten
7 Rechts-Linksgenüpfte Knoten
7 Links-Rechtsgeknüpfte Knoten
8 Knüpfen im Grundmuster
9 Knüpfen im Pfeilspitzen-Muster

10 Band in Grün-Schwarz
12 Buntes Band mit abstrakten Formen
14 Band in Grün-Blau-Violett
16 Band mit Ring
18 Goldfarbenes Doppelband
20 Schwarzes Band mit silbernen Perlen
22 Kinder aus aller Welt
24 Band und Kette mit Indianerperlen
26 Zwillingsbänder
28 Band und Kette mit Ethno-Perlen
30 Band mit Indianerperlen und Kette mit Ethno-Perlen

Liebe Knüpf-Fans!

Ist es nicht merkwürdig mit dem Knüpfen? Wer einmal damit begonnen hat, den läßt es nicht mehr los. Es macht ungeheuer viel Spaß, sich immer neue Muster auszudenken und auszuprobieren, welche Kombinationsmöglichkeiten die Knoten zulassen. So entstanden die Bänder in diesem Buch, in die Perlen eingeknüpft wurden. Doppelbänder lassen sich ganz leicht mit Hilfe von Perlenverbindungen herstellen. Freundschaftspüppchen oder je nach Bedarf auch Sorgenpüppchen können mit Bändern kombiniert oder einzeln zu vielen Anlässen verschenkt werden.

Und warum nicht ein geknüpftes Band mit einem geknüpften Ring verbinden oder für eine gekaufte Perle ein passendes Band entwerfen? Der Phantasie sind keine Grenzen gesetzt.

Viel Spaß beim Knüpfen und Verschenken!

Ingrid Moras

Das Material und die Knoten

Das Knüpfmaterial

Für die meisten Beispiele in diesem Buch wurde Perlgarn Nr. 5 von Coats Mez verwendet. Die angegebenen Farbnummern entsprechen diesem Garn. Gut zum Knüpfen eignen sich auch andere Baumwollgarne in vergleichbarer Stärke.

Die Vorbereitung der Knüpffäden

Die Knüpffäden sind ca. 100 cm lang und müssen bei jedem Band in einer bestimmten Reihenfolge geordnet werden. Die dicken, senkrechten Striche über dem Knüpfplan zeigen die Anzahl der Fäden, darüber stehen die Farbangaben in der erforderlichen Reihenfolge.

Bei manchen Bändern beginnt man in der Mitte des Fadenbündels zu knüpfen. Dazu die Fäden in der Mitte ordnen und mit einem Stück Klebeband (z.B. tesa 4304) an der Tischkante festkleben. Das Klebeband gut andrücken, denn die Fäden werden beim Knüpfen angezogen und dürfen sich nicht lösen. Bei anderen Bändern ist der Knüpfbeginn am Rand des Fadenbündels. In diesem Fall die Fäden nach ca. 10 cm (= Überstand für den Abschluß) fixieren. Das Klebeband nach dem Knüpfen abziehen.

Der Abschluß der Bändchen

Nach dem Knüpfen eines Bändchens entweder die Fäden auf beiden Seiten zu einem Zopf verflechten oder zu Kordeln verdrehen. Nach ca. 10 cm mit allen Fäden einen Knoten legen und den Überstand der Fäden nach ca. 1 cm abschneiden. Für eine Kordel die Fäden in zwei Stränge teilen. Jeden getrennt nach rechts eindrehen und dann miteinander verdrehen: Immer den rechten Strang über den linken legen.

Die Knoten

Für jeden an der Oberfläche sichtbaren Knoten zwei Schlingen legen: Dabei den einen Faden spannen (= Ziehfaden), mit dem anderen knüpfen

4

(= Knüpffaden). Die erste Schlinge fest nach oben ziehen, die zweite etwas weniger fest. Den Knüpffaden anschließend leicht nach unten ziehen, damit die Fäden ihre Position deutlich einnehmen. Je nach Art des Knotens nehmen sie eine vertauschte Stellung oder wieder die Ausgangsstellung ein. Es gibt vier verschiedene Knoten (siehe Seite 6 und 7) und zwei verschiedene Arten, die Muster zu knüpfen (siehe Seite 8 und Seite 9).

Das Grundmuster

Für das Grundmuster die Knoten von links nach rechts knüpfen. Es entstehen Reihen, die schräg von links oben nach rechts unten verlaufen. Die Anzahl der Fäden minus eins ergibt immer die Anzahl der Knoten einer vollständig geknüpften Reihe.
Im Knüpfplan steht das Symbol für den ersten Knoten einer jeden Reihe immer in senkrechter Linie unter dem zweiten Faden (= zweiter dicker Strich). Dieser wird mit dem ersten und zweiten Faden geknüpft. Die Symbole für die zweiten Knoten einer jeden Reihe stehen in senkrechter Linie unter dem dritten Faden. Diese werden mit dem zweiten und dritten Faden gelegt usw. Der Pfeil über jeder Reihe zeigt die Knüpfrichtung an.

Das Pfeilspitzen-Muster

Beim Pfeilspitzen-Muster die stets gerade Anzahl der Fäden halbieren, die Knoten nacheinander von links und rechts nach innen knüpfen und zuletzt die mittleren Fäden zur Spitze verknoten. Dieser Knoten in der Mitte ist im Knüpfplan durch eine nach unten gerichtete Pfeilspitze unter dem Knotensymbol dargestellt. Alle Symbole für die ersten Knoten auf der linken Seite stehen in einer senkrechten Linie unter dem zweiten Faden von links (= zweiter dicker Strich) und werden mit dem ersten und zweiten Faden gelegt. Alle Symbole für die ersten Knoten auf der rechten Seite stehen unter dem zweiten Faden von rechts und werden mit dem ersten und zweiten Faden von rechts geknüpft. Alle zweiten Knoten von rechts und links mit dem zweiten und dritten Faden von rechts und links legen (Symbole in senkrechter Linie unter dem dritten Faden von rechts und links) usw. Die Pfeile geben die Knüpfrichtung an: Zeigen sie von außen nach innen, jeweils vom Rand zur Mitte knüpfen; die Reihen verlaufen zur Mitte hin schräg abwärts. Sind die Pfeile nach außen gerichtet, immer von der Mitte zum Rand knüpfen; die Reihen verlaufen dann zum Rand hin schräg abwärts.

Grundmuster

Pfeilspitzen-Muster

So wird's gemacht

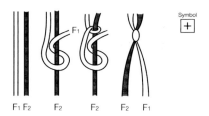 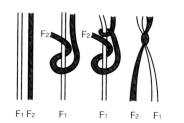

**Rechtsgeknüpfte Knoten
(Symbol: Kreuz)**

1. Den rechten Faden F2 (= Ziehfaden) stramm nach unten ziehen.

2. Mit dem linken Faden F1 (= Knüpffaden) eine Schlinge nach rechts über den Ziehfaden F2 legen und fest nach oben ziehen.

3. Erneut mit F1 über den Ziehfaden F2 eine Schlinge nach rechts legen und diese zu einem Knoten nach oben ziehen.

4. Der Knoten hat die Farbe des Knüpffadens F1. Die Position der Fäden hat gewechselt: F1 liegt nun rechts.

**Linksgeknüpfte Knoten
(Symbol: senkrechter Strich)**

1. Den linken Faden F1 (= Ziehfaden) stramm nach unten ziehen.

2. Mit dem rechten Faden F2 (= Knüpffaden) eine Schlinge nach links über den Ziehfaden F1 legen und nach oben ziehen.

3. Erneut mit F2 über den Ziehfaden F1 eine Schlinge nach links legen und diese zu einem Knoten nach oben ziehen.

4. Der Knoten hat die Farbe des Knüpffadens F2. Die Position der Fäden hat gewechselt: F2 liegt nun links.

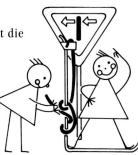

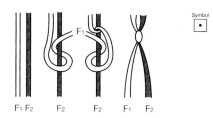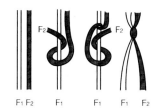

F₁ F₂   F₂   F₂   F₁   F₂   F₁ F₂   F₁   F₁   F₁   F₂

Rechts-linksgeknüpfte Knoten (Symbol: Punkt)

1. Den rechten Faden F2 (= Ziehfaden) stramm nach unten ziehen.

2. Mit dem linken Faden F1 (= Knüpffaden) eine Schlinge nach rechts über den Ziehfaden F2 legen und nach oben ziehen.

3. Mit dem Knüpffaden F1 anschließend eine Schlinge nach links über den Ziehfaden F2 legen und diese zu einem Knoten nach oben ziehen.

4. Der Knoten hat die Farbe des Knüpffadens F1. Die Position der Fäden entspricht der Ausgangsstellung.

Links-rechtsgeknüpfte Knoten (Symbol: Kreis)

1. Den linken Faden F1 (= Ziehfaden) stramm nach unten ziehen.

2. Mit dem rechten Faden F2 (= Knüpffaden) eine Schlinge nach links über den Ziehfaden F1 legen und zu einem Knoten fest nach oben ziehen.

3. Mit dem Knüpffaden F2 anschließend eine Schlinge nach rechts über den Ziehfaden F1 legen und diese zu einem Knoten nach oben ziehen.

4. Der Knoten hat die Farbe des Knüpffadens F2. Die Position der Fäden entspricht der Ausgangsstellung.

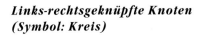

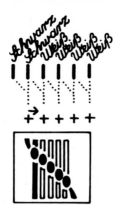

Knüpfen im Grundmuster

1. Knüpfen einer Reihe im Grundmuster

Von links nach rechts mit dem 1. und 2. Faden den ersten, rechtsgeknüpften Knoten legen, mit dem 2. und 3. Faden den zweiten, mit dem 3. und 4. Faden den dritten usw.

2. Wiederholen einer Reihe

Folgende Reihe zweimal knüpfen: Mit dem 1. und 2. Faden einen rechts-linksgeknüpften Knoten legen, anschließend je einen rechtsgeknüpften Knoten mit dem 2. und 3., 3. und 4. sowie 4. und 5. Faden, zuletzt mit dem 5. und 6. Faden einen links-rechts-geknüpften Knoten.

3. Knüpfen von Knotensträngen und Aufziehen von Perlen

Der Bogen bedeutet, daß mit zwei Fäden ein Knotenstrang geknüpft wird: Sechsmal hintereinander einen rechten Knoten mit dem 1. und 2. Faden legen, sechsmal einen linken Knoten mit dem 5. und 6. Faden.
Die Linien über dem Kreis mit "P" (= Symbol für Perle) zeigen, auf welche Fäden (hier 3. und 4. Faden) die vier Perlen aufgefädelt werden müssen.

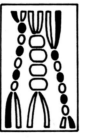

Knüpfen im Pfeilspitzen-Muster

1. Knüpfen einer vollständigen Pfeilspitze
Von links und rechts je drei Knoten zur Mitte knüpfen. Zuletzt mit den beiden mittleren Fäden den Knoten für die Spitze legen.

2. Knüpfen einer verkürzten Pfeilspitze
Von links und rechts zur Mitte nur je zwei Knoten legen.

3. Knüpfen eines einzigen Knotens
Mit dem 1. und 2. Faden von rechts und links je einen Knoten legen.

4. Veränderte Knüpfrichtung
Von der Mitte zum Rand hin mit dem 3. und 4. Faden von links und rechts den ersten Knoten legen, mit dem 2. und 3. den zweiten und mit dem 1. und 2. den dritten.

5. Knüpfbeginn mit der Spitze des Pfeiles
Mit den beiden mittleren Fäden einen Knoten, anschließend mit dem 3. und 4. Faden von rechts und links je einen Knoten legen.

6. Zusammenfassen von Ziehfäden
Die geschweifte Klammer zeigt, daß hier je drei Fäden zum "Ziehfaden" zusammengefaßt werden. Mit dem 1. Faden von rechts und links über die drei Fäden einen Knoten legen.

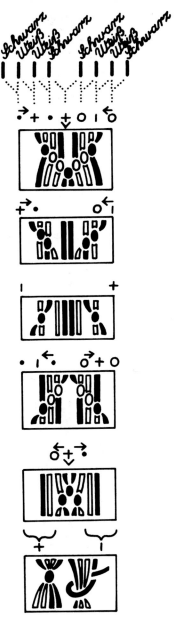

9

Band in Grün-Schwarz

Material

◆ **Perlgarn Nr. 5 in**
  Schwarz 403,
  Hellblau 928,
  Lindgrün 185,
  Smaragd 187,
  Blaugrün 189,
  Dunkelgrün 923,
  Grün 227,
  Maigrün 256,
  Hellgelb 386

◆ **Klebeband**
◆ **Schere**

Vorlage A

Das Band auf einen Blick
Pfeilspitze
Länge der Fäden: 100 cm
Beginn: in der Mitte der Fäden
Abschluß: Zopf

★ Das halbfertige Band mit den Regenbogenfarben nach dem gleichen Plan knüpfen wie das Band in den Grün-Schwarz-Tönen.
Die Reihenfolge der Fäden ist bei diesem Beispiel: 2 x Dunkelblau 0152, Gelb 290, Orange 316, Hellrot 335, Rot 47, Lila 100, Blau 410, Grün 227, Gelbgrün 278, 2 x Dunkelblau 0152.

★ Die Pfeile geben wie immer die Knüpfrichtung an: Die Reihen, bei denen die Pfeile nach innen zeigen, von außen nach innen knüpfen. Sie verlaufen jeweils vom Rand zur Mitte hin schräg abwärts. Zeigen die Pfeile nach außen, jeweils die Knoten von innen nach außen legen; die Reihen verlaufen dann vom Inneren des Bandes schräg abwärts zum Rand hin. Beim Knüpfen immer auf die Knüpfrichtung und die Art des Knotens achten, wie der Knüpfplan Zeile für Zeile verdeutlicht.

12

Buntes Band mit abstrakten Formen

Das Band auf einen Blick
Grundmuster
Länge der Fäden: 120 cm
Knüpfbeginn: am Rand des Faden-
bündels
Abschluß: zwei Kordeln

★ Das Band im Grundmuster knüpfen, d.h. jede schräg verlaufende
Reihe von links nach rechts. Die Reihenfolge der Fäden entspricht das
ganze Band hindurch genau der Ausgangsstellung. Sie darf sich nicht
ändern!
Den geraden Anfang des Bandes folgendermaßen knüpfen: Die erste "Reihe",
bestehend aus nur einem links-rechts-
geknüpften Knoten (= rot), mit den
letzten beiden Fäden legen. Die drei
Knoten der zweiten Reihe mit den
letzten vier Fäden knüpfen, die fünf
Knoten der dritten Reihe mit den
letzten sechs Fäden usw. Jede Reihe
also um zwei Knoten nach vorne bzw.
nach links erweitern.

★ Jede vollständige Reihe beginnt
immer mit einem rechts-linksgeknüpften Knoten (= violett); der
zweite Knoten ist immer rechtsge-
knüpft (= schwarz). Auch der vorletzte
(= schwarz) und der letzte (= rot),
links-rechtsgeknüpfte Knoten bleiben
jeweils unverändert. Alle anderen
Knoten nach Bedarf farbig oder
schwarz knüpfen. Zur leichteren
Orientierung sind die Knoten, die
farbig erscheinen sollen, eingerahmt.

★ Das gerade Ende: Von Reihe zu
Reihe jeweils die letzten beiden
Knoten weglassen, bis zur letzten Reihe
mit nur einem Knoten. Das Band mit je
zwei Kordeln abschließen.

★ Die Kette fertigen: Das Lederband in der Mitte in den Ring
einhängen und beide Enden anschließend durch die Perle führen.

Material
◆ Perlgarn Nr. 5 in
Schwarz 403,
Violett 98,
Blau 410,
Grün 189,
Gelb 298,
Orange 332,
Rot 46,

Kette:
◆ dünnes
Lederband in
Schwarz,
100 cm
◆ handbemalte
Perle
(1,6 cm ∅)
◆ Keramik-Ring in
Violett
(2,1 cm ∅)
◆ Schere
◆ Klebeband

Vorlagen
B 1, B 2

Band in Grün-Blau-Violett

Material

◆ **Perlgarn Nr. 5 in**
   Schwarz 403,
   Violett 102,
   Dunkelblau 133,
   Blau 410,
   Grün 227,
   Maigrün 256

◆ **Klebeband**
◆ **Schere**

Vorlage C

Das Band auf einen Blick
Pfeilspitze
Länge der Fäden: 100 cm
Beginn: in der Mitte der Fäden
Abschluß: zwei Kordeln

⭐ Die Fäden in der Mitte in der richtigen Reihenfolge ordnen und mit Klebeband fixieren.

⭐ Wenn die Pfeile jeweils zur Mitte zeigen, von außen nach innen knüpfen; die geknüpften Reihen verlaufen vom Rand zur Mitte schräg abwärts. Zeigen die Pfeile nach außen, immer von innen nach außen knüpfen. Die Reihen werden ebenfalls schräg, allerdings zum Rand hin abfallend. Knüpfrichtung und Art der Knoten genau beachten!

⭐ Das Band um 180 Grad drehen und erneut fixieren. Die Raute in der Mitte knüpfen und das Band, wie bei der ersten Hälfte, zu Ende knüpfen.

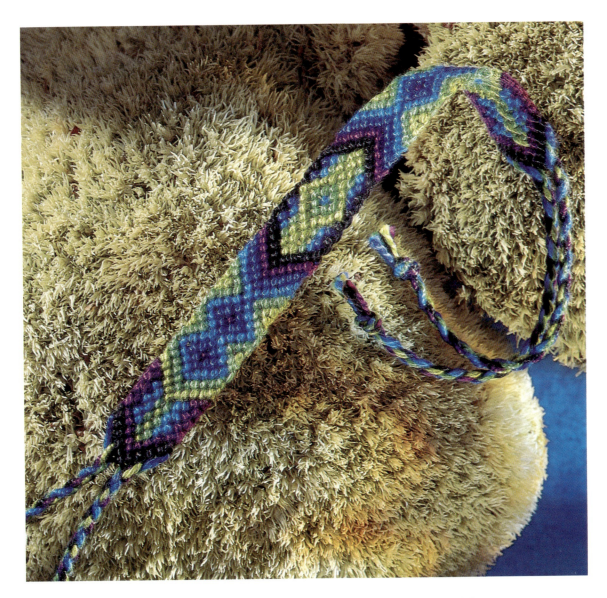

Band mit Ring

Das Band auf einen Blick
Pfeilspitze
Länge der Fäden: 110 cm
Beginn: in der Mitte der Fäden
Abschluß: zwei Kordeln

Der Ring auf einen Blick
Pfeilspitze
Länge der Fäden: 50 cm
Beginn: in der Mitte der Fäden

⭐ Die Fäden in der angegebenen Reihenfolge ordnen und in der Mitte fixieren. Zeile für Zeile von links und rechts zur Mitte oder von der Mitte nach außen knüpfen, wie es das Muster erfordert. Die Pfeile zeigen die Knüpfrichtung an.

⭐ Bei den Rauten die beiden mittleren Fäden (7. und 8. Faden) durch die Perle ziehen.
Im Mittelstück den 6., 7., 8. und 9. Faden unter Drehbewegungen durch eine Perle schieben.

⭐ Den Ring knüpfen, wie der Knüpfplan aufzeigt. Dabei in der Mitte der Fäden beginnen. Den Ring je nach Fingergröße erweitern. Wenn das geknüpfte Stück die richtige Weite hat, auf die Rückseite wenden und jeden Faden mit dem entsprechenden, gegenüberliegenden Faden verknoten. Die Fäden anschließend mit einer Nähnadel vernähen, je acht Fäden auf einer Seite.

Tip: Wer diese mühselige Arbeit umgehen will, kann jederzeit einen gekauften Ring mit einem Band verbinden.

⭐ Die Verbindung von Ring und Band herstellen: Einen violetten, 80 cm langen Faden in der Mitte des Bandes einhängen. Mit den beiden herabhängenden, 40 cm langen Fäden 35 mal hintereinander einen rechten Knoten legen, je nach Handgröße auch mehr. Den Knotenstrang am Ring verknoten und die Fäden auf der Rückseite des Ringes vernähen.

Material
◆ **Perlgarn Nr. 5 in Schwarz 403, Weiß 1, Violett 100, Lila 96, Hell-Lila 95**
◆ **6 Indianerperlen in Schwarz (5 mm ⌀)**

◆ **Nähnadel**
◆ **Schere**
◆ **Klebeband**

Vorlagen D 1, D 2

Goldfarbenes Doppelband

Material

- Perlgarn Nr. 5 in
  Schwarz 403,
  Bronze 309,
  Gold 307,
  Gelb 305
- 19 Indianer-
  perlen
  in Schwarz
  (5 mm ⌀)

- Klebeband
- Schere
- Nähnadel

Vorlage E

Das Band auf einen Blick
Pfeilspitze
Länge der Fäden: 110 cm
Beginn: in der Mitte der Fäden
Abschluß: zwei Kordeln

⭐ **1** Dieses Doppelband besteht aus zwei gleichen, im Pfeilspitzen-Muster geknüpften Bändchen, die an drei Stellen durch Perlen miteinander verbunden sind. Die Fäden für jedes Band ordnen und im Abstand von ca. 7 mm (= Lücke für die Perlenverbindung) in der Mitte fixieren.

⭐ **2** Das Band beginnt mit fünf Knotensträngen. Auf den mittleren Strang nach drei geknüpften Knoten eine Perle aufziehen, darunter drei weitere Knoten knüpfen. Die Knoten der Stränge so legen, daß sie nach unten und oben eine Pfeilspitze bilden.

⭐ **3** Durch zwei ganze und eine Pfeilspitze ohne mittleren Knoten die Knotenstränge zusammenführen. Anschließend auf die äußeren beiden Fäden je eine Perle aufziehen. Den äußersten rechten Faden des linken Bandes durch eine Perle ziehen und den äußersten linken Faden des rechten Bandes mit Hilfe einer Nähnadel in Gegenrichtung durch die Perle führen. Weiterknüpfen, wie der Knüpfplan verdeutlicht.

⭐ **4** Das Band um 180 Grad wenden und die Mitte knüpfen. Nach zwei zur Mitte hin geknüpften Reihen den äußersten rechten Faden des linken Bandes durch eine Perle ziehen, den äußersten linken Faden des rechten Bandes in umgekehrter Richtung durchziehen (= zweite Verbindung der Bänder).

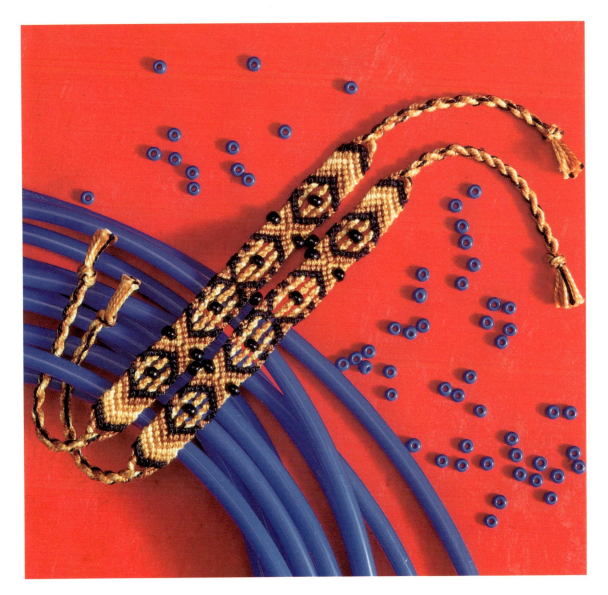

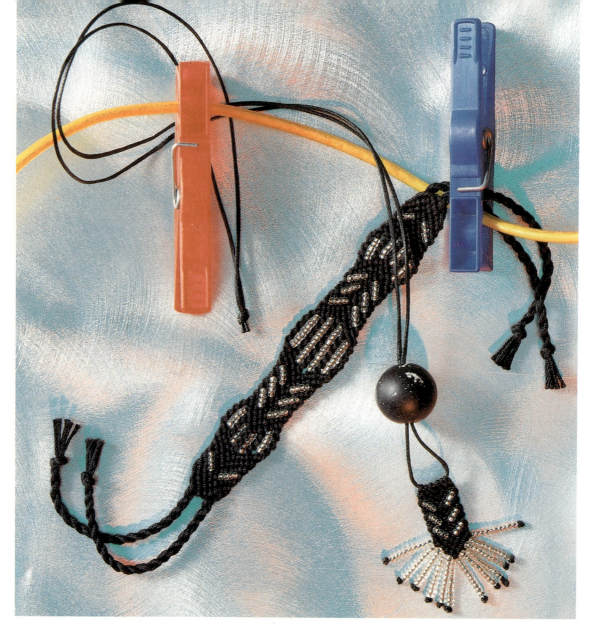

Band mit silbernen Perlen

Das Band auf einen Blick
Pfeilspitze
Länge der Fäden: 100 cm
Beginn: in der Mitte der Fäden
Abschluß: zwei Kordeln

⭐ Vierzehn schwarze Fäden in der Mitte fixieren. Alle Enden der Fäden ca. 1 cm weit mit Klebstoff bestreichen und zwischen den Fingern rollen. Dadurch werden die Enden dünn und steif; die Perlen lassen sich gut auffädeln. Zwei Pfeilspitzen knüpfen.

⭐ Die Perlen aufziehen: Links und rechts den äußersten Knoten legen. Auf die jetzt von links und rechts her gesehen an zweiter Stelle liegenden Fäden je vier Perlen auffädeln. Diesen zweiten Faden mit den Perlen jeweils über die nächsten vier Fäden zur Mitte führen und mit diesem über den siebten Faden von links und rechts einen Knoten legen. Anschließend noch die beiden inneren Fäden miteinander verknoten. Unter den schräg liegenden Perlen eine ebenso schräg verlaufende Pfeilspitze knüpfen.

⭐ Knoten und Perlenstränge herstellen: Mit dem 1. und 2. Faden viermal hintereinander einen rechten Knoten knüpfen (= 1. Knotenstrang); ebenso mit dem 4. und 5., 7. und 8., 10. und 11. sowie 13. und 14. Faden vier weitere Knotenstränge fertigen. Auf den 3., 6., 9. und 12. Faden je fünf Perlen aufschieben. Anschließend alle einzelnen Stränge durch das Knüpfen von Pfeilspitzen zusammenführen.

⭐ Die Kette fertigen: Sechs schwarze Baumwollfäden in einer Länge von 50 cm jeweils in deren Mitte mit einem rechten Knoten am Textilband befestigen. Wie im Knüpfplan angegeben weiterknüpfen.
Auf jeden Faden zum Schluß zehn Perlen aufziehen. Darunter jeweils einen Knoten legen, die Überstände abschneiden und die Knoten zur Sicherheit mit etwas Klebstoff tränken, damit sie sich nicht auflösen. Über dem geknüpften Anhänger einen Knoten ins Textilband legen und auf diesen die Perle aufschieben.

M a t e r i a l
◆ Baumwollgarn in Schwarz (Lauflänge 180 m/50 g)
◆ glasklare Indianerperlen mit Silber-Einzug (ca. 2-2,5 mm ⌀, Höhe ca. 1,5 mm)

Kette:
◆ Textilband in Schwarz
◆ Ethno-Perle in Schwarz (2 cm ⌀)

◆ Klebeband
◆ Klebstoff
◆ Schere

V o r l a g e n
F 1 , F 2

Kinder aus aller Welt

Material
- Perlgarn Nr. 5 in
  Dunkelgrau 236,
  Dunkelgrün 923,
  Türkis 189,
  Smaragd 187,
  Maigrün 225,
  Gold 307,
  Kupfer 309,
  Braun 351,
  Gelb 305,
  Schwarz 403,
  Rot 47,
  Gelbgrün 279,
  Hellblau 433,
  Blau 410,
  Hautfarben 881
- Holzperlen in
  Gelb, Natur,
  Orange, Dunkel-
  braun (jeweils
  8 mm ∅)
- Decorlack in
  Weiß, Rosa,
  Schwarz

- Schere
- Klebeband
- Nähnadel

Das Band auf einen Blick
Grundmuster
Länge der Fäden: 100 cm
Beginn: am Rand des Fadenbündels
Abschluß: zwei Kordeln

Die Püppchen auf einen Blick
Pfeilspitze
Länge der Fäden: 40 cm

⭐ Das Band mit den Grashügeln
und der Erdkugel in der Mitte im
Grundmuster knüpfen, d.h. jede schräg
verlaufende Reihe von links nach
rechts. Die erste Reihe besteht nur aus
einem Knoten, der mit den letzten
beiden Fäden gelegt wird. Jede weitere
Reihe wird um zwei Knoten erweitert.
Auf diese Weise entsteht der gerade
Anfang des Bandes. Die Ausgangsstellung der Fäden darf sich das ganze
Band hindurch nicht ändern! Zur
besseren Orientierung sind alle
Knoten, die farbig (nicht dunkelgrau)
erscheinen sollen, eingerahmt.

⭐ Die Püppchen mit dem Pfeilspitzen-Muster knüpfen: Fünf
40 cm lange Fäden in der Mitte zu einer
Schlaufe legen und diese unter Dreh-

bewegungen ca. 4 cm weit durch die
Perle schieben bzw. ziehen. Knapp
über dem Kopf mit einem Doppelfaden
einen Knoten über alle anderen Fäden
legen. Diesen in die Holzperle ziehen,
damit sie auf ihm festklemmt. Die
Schlaufen fixieren und unter dem
Kopf zu knüpfen beginnen: Mit den
jeweils äußeren Fäden einen Knoten
über den zusammengefaßten 2. und 3.
Faden, sowie den 4. und 5. zur Mitte
legen, anschließend miteinander
verknoten. Drei ganze Pfeilspitzen
knüpfen, die vierte ohne Spitze. Diese
Vorgehensweise liegt allen Püppchen
zugrunde. Die unterschiedlichen Muster
ergeben sich durch die verschiedenen
Knotenarten.
Mit je fünf Fäden einen Knoten legen
(= Füße). Die Schlaufen oben unter-
schiedlich kürzen (= lange oder kurze
Haare) und das Garn mit einer spitzen
Schere auffächern. Wenn man die
Püppchen als Anhänger verwenden
will, läßt man eine der Schlaufen
stehen. Mit Decorlack rosa Nasen und
weiße bzw. schwarze Augen aufmalen.

⭐ Die Verbindung von Püppchen, Band und Armen herstellen: Einen langen hautfarbenen Faden bis zu seiner Mitte durch einen Knoten im Band ziehen und mit vier rechts- geknüpften Knoten einen Knotenstrang (= Arm) erstellen. Einen Faden vor dem Kopf, einen hinter dem Kopf des Püppchens vorbeiführen und vier weitere rechtsgeknüpfte Knoten legen (= zweiter Arm). Die beiden Fäden am Band verknoten und anschließend die Arme der übrigen Püppchen knüpfen.

**Vorlagen
G1, G2, G3,
G4, G5, G6**

23

Band und Kette mit Indianerperlen

Das Band auf einen Blick
Pfeilspitze
Länge der Fäden: 100 cm
Beginn: in der Mitte der Fäden
Abschluß: zwei Kordeln

Die Kette auf einen Blick
Pfeilspitze
Länge der Fäden: 40 cm

⭐ Die ersten sechs Reihen im Pfeilspitzen-Muster knüpfen. Die drei jeweils außen liegenden Fäden durch je eine Perle ziehen. Beim Austritt sollen die Fäden die gleiche Reihenfolge einnehmen wie beim Eintritt in die Perle.

⭐ An dieser Stelle die Perle auf die beiden innen liegenden Fäden aufziehen. Unter der Perle weiterknüpfen.

⭐ Die Fäden nacheinander mit einem rechtsgeknüpften Knoten in der Mitte am Lederband in folgender Reihenfolge befestigen und dabei nach jedem verknoteten Faden eine Perle auf das Lederband schieben: Schwarz, Dunkelblau, Smaragd, Maigrün, Smaragd, Dunkelblau, Schwarz. Dadurch erhält man 14 Fäden zum Knüpfen. Je zwei aufeinander folgende Fäden dann miteinander zu einem dünnen Knotenstrang verknüpfen.

⭐ Zum Schluß vier Perlen auffädeln und die Fadenbündel (Dreier- und Viererbündel) mit einem Knoten abschließen. In Abständen von ca. 3 cm in das Lederband einen Knoten legen und eine Perle aufziehen.

Material
◆ Perlgarn Nr. 5 in Schwarz 403, Dunkelblau 134, Smaragd 189, Maigrün 226
◆ 10 Indianerperlen in Transparent-Rainbow (5 mm ∅)

Kette:
◆ Perlgarn Nr. 5 wie oben
◆ 20 Indianerperlen wie oben
◆ dünnes Lederband in Schwarz

◆ Klebeband
◆ Schere

Vorlagen
H1, H2

Zwillingsbänder

◆ **Perlgarn Nr. 5 in**
  Blau 133,
  Grün 189,
  Hellbraun 337,
  Braun 341,
  Schwarz 403

◆ **Klebeband**
◆ **Schere**

Vorlage I

Das Band auf einen Blick
Pfeilspitze
Länge der Fäden: 100 cm
Beginn: in der Mitte der Fäden
Abschluß: zwei Kordeln

⭐ Zwillingsbänder können diese beiden Bänder deshalb genannt werden, weil sie beide nach dem gleichen Knüpfplan geknotet sind und ihre Fäden die gleichen Farben haben. Der einzige Unterschied besteht in der unterschiedlichen Anordnung der Fäden, die scheinbar ein völlig anderes Muster ergibt, allerdings nur auf den ersten Blick.
Die Farbangaben über dem Knüpfplan gehören zu dem Band mit den zwei schwarzen Rauten in der Mitte.
Die Fäden des Bandes mit den beiden hellbraunen bzw. braunen Rauten in der Mitte folgendermaßen anordnen:
2 x Schwarz, Blau, Grün, Hellbraun,
2 x Braun, Hellbraun, Grün, Blau,
2 x Schwarz.

⭐ Alle Reihen, die jeweils von außen zur Mitte hin abwärts führen, von außen nach innen knüpfen. Erkennbar sind diese Reihen an den nach innen gerichteten Pfeilen über den Knüpfzeilen. Zeigen die Pfeile nach außen, die Knoten immer von innen nach außen legen. Die Reihen verlaufen dann zum Rand hin schräg abwärts.

Band und Kette mit Ethno-Perlen

Das Band auf einen Blick
Grundmuster
Länge der Fäden: 100 cm
Beginn: in der Mitte der Fäden
Abschluß: zwei Kordeln

⭐1 Durch das Loch in der Mitte der Perle auf jeder Seite sechs Fäden in folgender Reihenfolge nacheinander hindurchziehen und in der Mitte mit einem rechtsgeknüpften Knoten am Stein befestigen: 2 x Schwarz, Grün, Hellgrün, Hellblau, Weiß. Dadurch erhält man auf jeder Seite 12 Fäden zum Knüpfen in der im Knüpfplan angegebenen Reihenfolge.

⭐2 Mit je zwei aufeinanderfolgenden Fäden zunächst sechs dünne Knotenstränge von unterschiedlicher Länge knüpfen. Durch die vier Reihen im Grundmuster die Knotenstränge zusammenführen.

⭐3 Mit je zwei Fäden wieder Knotenstränge erstellen. Mit dem 1. und 2. Faden von links den längsten Strang mit 10 rechtsgeknüpften Knoten fertigen. Jeden weiteren Strang um zwei Knoten verringern. Da die Reihen, mit denen die Knotenstränge zusammengefaßt werden, nicht wie beim Grundmuster von links oben nach rechts unten verlaufen, müssen sie hier mit linksgeknüpften Knoten von rechts oben nach links unten geknüpft werden (vergleiche rechte Hälfte der "Pfeilspitze"!).

⭐ Die Kette fertigen: Das schwarze Textilband in der Mitte in der Scheibe einhängen und den Stein fixieren. Einen rechtsgeknüpften Knoten legen, einen Türkis aufziehen, einen weiteren rechtsgeknüpften Knoten legen, den zweiten Türkis auffädeln und über der Scheibe den letzten rechtsgeknüpften Knoten legen.

Material
◆ Perlgarn Nr. 5 in Schwarz 403, Grün 189, Hellgrün 187, Hellblau 167, Weiß 1
◆ Ethno-Perle: schwarze Scheibe (2 cm ⌀)

◆ Klebeband
◆ Schere

Kette:
◆ Textilband in Schwarz, 100 cm
◆ Ethno-Perle: schwarze Scheibe (2,5 cm ⌀)
◆ Türkis: 2 Scheiben (1,5 cm ⌀)

Vorlagen
K 1, K 2

Material

◆ Perlgarn Nr. 5 in
   Schwarz 403,
   Dunkelgrau 400,
   Hellgrau 398,
   Weiß 1,
   Smaragd 187
◆ Indianerperlen in
   Smaragd (8x),
   Weiß (4x),
   Schwarz (4x)
   (5 mm ∅)

◆ Klebeband
◆ Schere

Kette:
◆ Textilband in
   Weiß, Grau,
   Schwarz
◆ 6 Indianerperlen
   in Smaragd
   (5 mm ∅)
◆ Ethno-Perlen
   in Schwarz:
   1 Kugel,
   2 Scheiben
   (1,8 cm ∅)
◆ Schraubschließe

Vorlagen
L1, L2

Das Band auf einen Blick
Pfeilspitze
Länge der Fäden: 100 cm
Beginn: in der Mitte der Fäden
Abschluß: zwei Kordeln

1 Nach drei geknüpften "Pfeilspitzen" die drei jeweils außen
liegenden Fäden durch eine smaragd-
farbene Perle ziehen. Drei weitere,
nicht ganz vollständige Reihen
knüpfen.

2 Bei der ersten Wiederholung
dieser Arbeitsschritte weiße
Perlen aufziehen, bei der zweiten
Wiederholung wiederum smaragd-
farbene.

3 Nach dem Wenden des Bandes
um 180 Grad auf die drei jeweils
außen liegenden Fäden je zwei Perlen
aufziehen. Mit den acht innen liegenden Fäden die zwei Rauten in der Mitte
nach dem Knüpfplan arbeiten. Die zwei
mal drei Randfäden mit den Perlen
solange zur Seite legen.

4 Die Kette fertigen: Die drei ver-
schiedenfarbigen Textilbänder
bis zur Mitte durch die Kugel ziehen;
alle sechs Enden durch die zwei Scheiben Türkis schieben. Die Bänder ordnen wie auf der Vorlage angegeben und
wie bei der Pfeilspitze, aber ohne ver-
bindenden Mittelknoten, verknüpfen.

Hinweis: Das halb fertig geknüpfte
Band nach dem gleichen Knüpfplan
erstellen. Die Anfangsstellung der
Fäden lautet für dieses Beispiel:
Blau 132, Smaragd 189, Maigrün 227,
Gold 0309, 2 x Schwarz 403,
2 x Gold 0309, 2 x Schwarz 403,
Gold 0309, Maigrün 227, Smaragd 189,
Blau 132.

Neben dieser Auswahl aus der Brunnen-Reihe haben wir noch viele andere Bücher im Programm. Wir informieren Sie gerne - fordern Sie einfach unsere neuen Prospekte an:

■ **Bücher für Ihre Kinder:** Basteln, Spielen und Lernen mit Kindern
■ **Bücher für Ihre Hobbys:** Stoff und Seidenmalerei, Malen und Zeichnen, Keramik, Floristik
■ **Bücher zum textilen Handarbeiten:** Sticken, Häkeln und Patchwork

Wir sind für Sie da, wenn Sie Fragen zu AutorInnen, Anleitungen oder Materialien haben.
Und wir interessieren uns für Ihre eigenen Ideen und Anregungen. Faxen, schreiben Sie oder rufen Sie uns an.
Wir hören gerne von Ihnen! Ihr Christophorus-Verlag

CHRISTOPHORUS
Bücher mit Ideen

Hermann-Herder-Str. 4 / 79104 Freiburg i. Breisgau

Tel: 0761/2717-268 oder Fax: 0761/2717-352